Annette Kamping

Annette Kamping

VITALITY

Photography / Fotografie: Bart Van Leuven

Contents
Inhoud

Introduction

Leafing through this book, you will probably ask yourself: 'Who is the person behind these works? What are his/her inspirations for the creation of this work?'

I can introduce myself in one short sentence: my name is Annette Kamping and I am crazy about flowers, design and colours.

For more than 22 years already, my life has been coloured by my profession.
I grew up on a farm in the surroundings of Emsland (Germany), where my love for flowers and nature started to grow.
When I was twelve, I already knew that I wanted to become a florist and at the age of seventeen I actually started to learn the job in a small flower shop. Every spare hour I was dedicated to collecting material and working and experimenting with it. I couldn't think about anything else but flowers and soaked in all the impressions, lessons and knowledge.

After three years of training, I wanted more and I took my master exam. I have learned a lot from that exam and founded an important design basis for my further development. I truly believe that one's own creativity can only grow and develop on a solid, artistic foundation.

In different flower shops, in my independent ventures and in many competitions I took part in, I gathered further experience. Since 1994 I have been teaching and sharing my visions, ideas and practices with interested people in many different countries. It feels like an inner urge to pass on my passion for flowers. I want to inspire others with that fire in me, my enthusiasm for flowers. Teaching gives me the motivation and urge to create, because it requires a solid technical basis, perfectionism, a sense for colours, botanical knowledge, a sense of time, marketing and a pinch of humour.

Flowers and plants enrich my life and make no day look like any other. They inspire and stimulate me. I always try to find new starting points, to take plants carefully out of their natural surroundings and to put them into a new framework, a new world that brings out their beauty and character even more. Often it is not the shape or movement of the flower that inspires me, but the colour: combining many colours with flowers that accept those creative games. In doing so, many new shapes and new settings come into existence. Many

Voorwoord

Bij het bekijken van dit boek, stelt u zich wellicht de vraag: 'Welke persoon gaat achter dit werk schuil? Welke ideeën bewegen haar tot dit werk?'

Ik kan mezelf kort voorstellen in één zin: Ik ben Annette Kamping en ik ben dol op bloemen, vormgeving en kleuren.

Al 22 jaar wordt mijn leven door mijn beroep gekleurd. Ik groeide op in een boerderij in de omgeving van Emsland/Duitsland. Daar startte ook mijn liefde voor bloemen en voor de natuur.
Op 12-jarige leeftijd besloot ik om floriste te worden en toen ik 17 was, begon mijn echte leertijd in een kleine bloemenwinkel. Elk uur vrije tijd wijdde ik aan verzamelen, werken en experimenteren met materiaal. Ik dacht aan niets anders dan aan bloemen en nam alle indrukken, lessen en kennis in me op.

Na drie leerjaren, op zoek naar meer, legde ik mijn meesterproef af. Ik heb er veel ervaring opgedaan en een belangrijke basis in vormgeving gevonden voor mijn verdere ontwikkeling. Want enkel met een stevige artistieke basis kan je eigen creativiteit groeien en zich ontwikkelen.

In verschillende bloemenwinkels, in mijn zelfstandig ondernemen en door deelname aan meerdere wedstrijden verzamelde ik bijkomende ervaring. Sinds 1994 geef ik les en deel ik mijn visie, ideeën en hun omzetting in de praktijk met geïnteresseerde mensen uit vele landen. Het is een innerlijke drang om mijn gevoelens voor bloemen door te geven. Ik wil dat het vuur in mij, mijn enthousiasme voor bloemen, anderen aansteekt. Voor mezelf haal ik motivatie en creatiedrang uit mijn lesgeven. Dit vraagt een stevige technische basis, perfectionisme, zin voor kleur, plantenkennis, tijdsbesef, marketing en een vleugje humor.

Bloemen en planten maken mijn leven rijker en zorgen ervoor dat geen enkele dag eruitziet als een andere. Bloemen inspireren mij, prikkelen mij. Ik probeer nieuwe uitgangspunten te vinden, planten voorzichtig uit hun gewone omgeving te halen en ze in een nieuw kader te plaatsen, in een nieuwe wereld die hun schoonheid en karakter nog meer in het licht plaatst. Vaak is het niet de vorm, de beweging van de bloem die me inspireert, maar wel de kleur. Veel kleuren nieuw combineren met bloemen, die dergelijke creatieve spelletjes toelaten. Op die manier ontstaan nieuwe vormen en nieuwe enscenering. Veel mensen die

people, who have known me for a long time, put me in that 'colour' slot. And I don't mind at all.

Some people are surprised by my compositions. But I follow my inner feeling, based on an intensive study of colour theory. I still think you can learn the most from nature. Look at the colour combinations of flowers, birds and fish. Start at last to look at those fascinating gifts of nature! Nothing is forced, everything is relaxed and free. When I see all those wonders of nature, I could shout with joy. I get my strength from nature. In my garden my soul finds its balance and I find my peace.

Time and time again people ask me the same question: 'Where do you get all those ideas?' If only I knew…
I guess it is a mixture of an innate gift, the inner urge to look for something new and an open heart to all beautiful things, even the smallest ones. Add to that a portion of ambition to continue to develop myself and of course also some luck. Many ideas come to me in a flash. Then it's important to quickly hold on to them before they disappear again. Some days and hours, my head is buzzing with ideas. All my thoughts circle around one theme. Ideas come to life, I start to sketch for hours on end,

mij al langer kennen, bestempelen mij met dit 'kleur'etiket. Ik vind dat ook niet erg.

Sommige mensen zijn verrast door mijn samenstellingen, maar ik volg gewoon mijn innerlijk gevoel, gebaseerd op een intensieve studie van de kleurenleer. De beste leerschool vind ik de natuur. Kijk maar naar de kleurcombinaties van bloemen, vogels en vissen. Bekijk eindelijk eens de fascinerende gaven van de natuur! Niets is krampachtig, alles is ongedwongen en vrij. Wanneer ik die wonderen van de natuur zie, zou ik kunnen jubelen van vreugde. Ik haal mijn kracht uit de natuur. In mijn tuin vindt mijn ziel evenwicht en kom ik tot rust.

Telkens opnieuw stelt men mij de vraag: 'Waar haal je je ideeën vandaan?' Als ik dat eens wist…
Ik vermoed dat het een mengeling is van aangeboren gave, de innerlijke drang om nieuwe dingen te vinden en een open hart voor al wat mooi is, ook het onooglijke. Daarbij komt ook een portie ambitie om me verder te ontplooien en natuurlijk ook geluk. Veel ideeën schieten slechts terloops door mijn hoofd. Dan is het belangrijk om ze vlug vast te houden voor ze weer verdwijnen. Op sommige dagen en uren gonst mijn hoofd van de ideeën. Al mijn gedachten cirkelen rond één thema. Er ontstaan ideeën, ik begin urenlang te schetsen, probeer dingen uit, vernietig ze of gebruik ze. Het is een constante innerlijke druk, die mij vaak geen rust laat.
Er ontstaan natuurlijk ook veel ideeën, omdat de deelnemers aan mijn seminaries wachten op suggesties en de omzetting ervan door mij. Soms kan een materiaal, een bloem, een tak of een zelfs oppervak me inspireren. Maar meestal ontstaat er een vorm of een visie in mijn hoofd en zoek ik planten en bloemen uit die daarbij passen.
Iedereen, die een innerlijke tevredenheid voelt als hij/zij door bloemen omringd is, wiens leven rijker wordt door geur, vorm en kleur, wil ik in dit boek op reis meenemen.
Bij de uitwerking van de ideeën vond ik het heel erg moeilijk om te beslissen welke composities ik nu echt zou realiseren. Ik heb veel gedachten verworpen, niets scheen mij goed genoeg.

Deze werken zijn een deel van mezelf, de thematieken zijn één voor één mijn huidige favorieten, thema's waarmee ik me graag en intensief bezighoud.
Aan bepaalde delen had ik graag meer florale werken gewijd, andere zoals boeketten, beplantingen en rouwwerk had ik er graag bijgenomen. Als je mij vraagt wat mijn specialiteit is in de floristiek, moet ik toegeven dat ik van geen enkel thema afstand wil doen. Elk domein is spannend, biedt afwisseling en kan op honderd-en-één manieren geënsceneerd worden.

I try out new things, get rid of them and then use them. It's a constant inner pressure, which often doesn't leave me with any peace.

Of course, I also find a lot of ideas, because people who participate in my seminars wait for my suggestions and the way I carry them out. Sometimes a piece of material, a flower, a branch or even a surface can inspire me. But most of the time a form or a vision ripens in my head, for which I try to find plants and flowers that suits them best.

On my journey in this book, I want to guide everyone who feels an inner satisfaction when he's surrounded by flowers, whose life is enriched by scent, shape and colour...

When I was working out my ideas, it was very difficult to decide which compositions I would carry out. I have rejected many ideas, because I thought they weren't good enough.

These works are a part of me. One by one, the themes are my favourites today, themes that I love to engage in intensively. To certain parts of the book I would have liked to add some more floral works and I would have loved to add other works, like bouquets, plantings and mourning pieces.

If you ask me what my specialty in floristry is, I have to admit that I don't want to renounce any of my themes. Every domain is exciting, offers variation and can be staged in a hundred and one ways.

Besides my floristic creations, I'm also engrossed by soul-related design. I have been working with 'images' for years, both painted and as objects. I create new surfaces, alienate them and love to turn the 'normal' upside down.

I notice that related creative processes like image and light design, architecture, interior and exterior decoration motivate me and even give me wings. But my love for plants exceeds everything else.

With the other projects, I try to close a circle to create a complete ambience.

My most important aspirations are technical perfection, maintaining the tradition of flowers and giving it new inspiration, respectfully dealing with plants and get to the bottom of colour combinations.

I dedicate this book to my mother, who couldn't follow the last nine years of my creative process.

Annette Kamping

Naast mijn floristiek scheppen heb ik me ook verdiept in zielsverwante vormgeving. Ik houd me al jaren bezig met 'beelden', zowel in geschilderde als in objectmatige versie. Ik maak nieuwe oppervlakken, vervreemd ze en houd ervan om het 'normale' op z'n kop te zetten.

Ik merk dat aanverwante creatieprocessen zoals beeld- en lichtdesign, architectuur, binnen-en buitendecoratie me motiveren en zelfs vleugels geven. Toch staat mijn liefde voor planten boven alles.

Met de andere projecten probeer ik een cirkel te sluiten om een volledig ambiente te realiseren.

Mijn belangrijkste streven is technische perfectie, bloementraditie te onderhouden en nieuw te inspireren, respectvol omgaan met planten en het combineren van kleuren tot in het detail uit te pluizen.

Ik wijd dit boek aan mijn moeder, die de laatste negen jaar van mijn creatief bezig zijn niet meer kon volgen.

Annette Kamping

Nice in plates Floral and non-floral pots

Inspiration from the plant, searching for forms, feeling for colours, alienation of every day things, experiments with surfaces give rise to new vases, floral and non-floral.

Mooi in schalen *Florale en niet-florale potten*

Inspiratie uit de plant, zoeken naar vormen, gevoel voor kleur, vervreemding van alledaagse dingen, experimenten met oppervlakken doen nieuwe vazen, florale en niet-florale, ontstaan.

Space to grow

Compact movement?

Transparent

Red pot

Solo

Plastic plastics…

Top ball

Woollen vase

Fascination for elderberry – wild and gorgeous

Movement split and built again

Water vase

Piled up

Spring is in the air

Styles – stylish
Dominating and thrown together
Finding the form through reduction

I have been working on the development of new vases for years.
Vases that draw the attention, without losing sight of the beauty
of the flowers or the plants. By purposely alienating everyday objects
like paper, glue sticks, earthenware pots, laundry, wrapping thread,
wool, firewood, hay, water hoses, foil and bark… new expressional
possibilities come alive, which evoke a smile and surprise.

Ik ben al jaren met de ontwikkeling van nieuwe vazen bezig.
Vazen die de aandacht trekken zonder de schoonheid van de bloemen
of de planten uit het oog te verliezen. Door bewuste vervreemding
van alledaagse gebruiksmaterialen zoals papier, kleefsticks,
aarden potten, was, wikkeldraad, wol, brandhout, hooi, waterslangen,
folie en bast komen nieuwe expressiemogelijkheden tot stand,
die een glimlach en verwondering bij ons opwekken.

Layers — piling up

Table flowers

Flowers for the table speak their own language.
They create an ambience, connect people, stir up emotions
and connect the culinary and the art. Flowers don't play the lead,
but are in the spotlights anyway.

Tafeldecoratie

Bloemen voor de tafel spreken hun eigen taal.
Ze scheppen een sfeer, verbinden mensen, wekken gevoelens op
en verbinden het culinaire met de kunst. Bloemen spelen misschien niet
de hoofdrol, maar staan toch in de schijnwerpers.

White Colourful

Grass sponge roll

Roses by themselves...

Pumpkin Party

Ghost hats

Light objects

Design creates atmosphere.
Light intensifies this mood.
While I was looking for the optimal symbiosis between
design and light, I have discovered my love for light objects.
Objects, that have a special attraction during day light,
but show their true soul in the dark.

Lichtobjecten

Vormgeving schept stemming.
Licht intensifieert deze stemming.
Op zoek naar de optimale symbiose tussen vormgeving en licht
heb ik mijn liefde voor lichtobjecten ontdekt.
Objecten, die bij daglicht een eigen aantrekkingskracht hebben,
maar die in het duister hun ziel laten zien.

Tesa film — light

Light and shadow

Bridal flowers

Flowers that remain in our memories forever,
that guide us on this important day,
pass on traditions and express feelings.

Bruidsbloemen

Bloemen, die eeuwig in herinnering blijven,
die ons op deze belangrijke dag begeleiden,
tradities doorgeven en gevoelens uitdrukken.

Gerbera posy

After the wedding

Art

Art gives wings to our feeling for colour…

Art stimulates us to design more…

Art stirs up emotions…

Art creates resting points…

Art requires a two-dimensional creativity…

Art demands new ways of seeing…

Art makes us crave…

Art to touch…

Kunst

Kunst geeft ons kleurgevoel vleugels …

Kunst stimuleert ons tot meer vormgeving…

Kunst maakt emoties wakker…

Kunst schept rustpolen …

Kunst vereist een tweedimensionale creativiteit…

Kunst vraagt om nieuwe zienswijzen…

Kunst doet ons verlangen…

Kunst om aan te raken…

Torn or braided

Nature or illusion?
Unity or recently merged

Carrier bag image

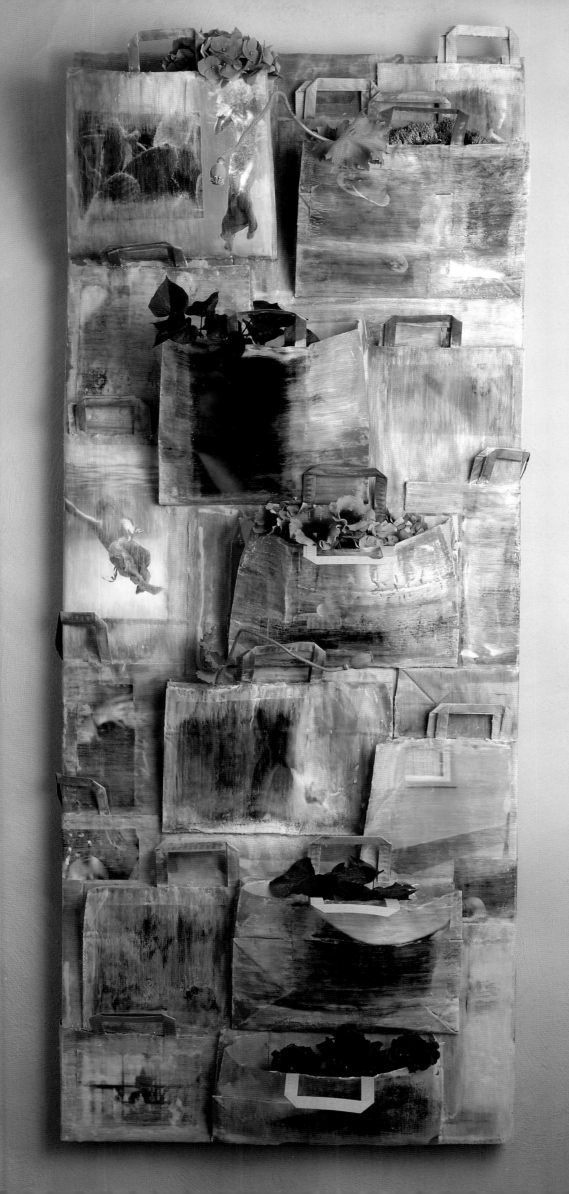

'Please leaf through'

Flowers require an appropriate space.
Spaces beg for expressiveness.
Art generates expression; in the floral design
it is the background and a means for expression
without the desire to upstage.

Bloemen vragen om de gepaste ruimte.
Ruimtes smeken om expressiviteit.
Kunst genereert expressie,
dient bij de florale vormgeving als achtergrond
en als uitdrukkingsmiddel zonder te willen overtroeven.

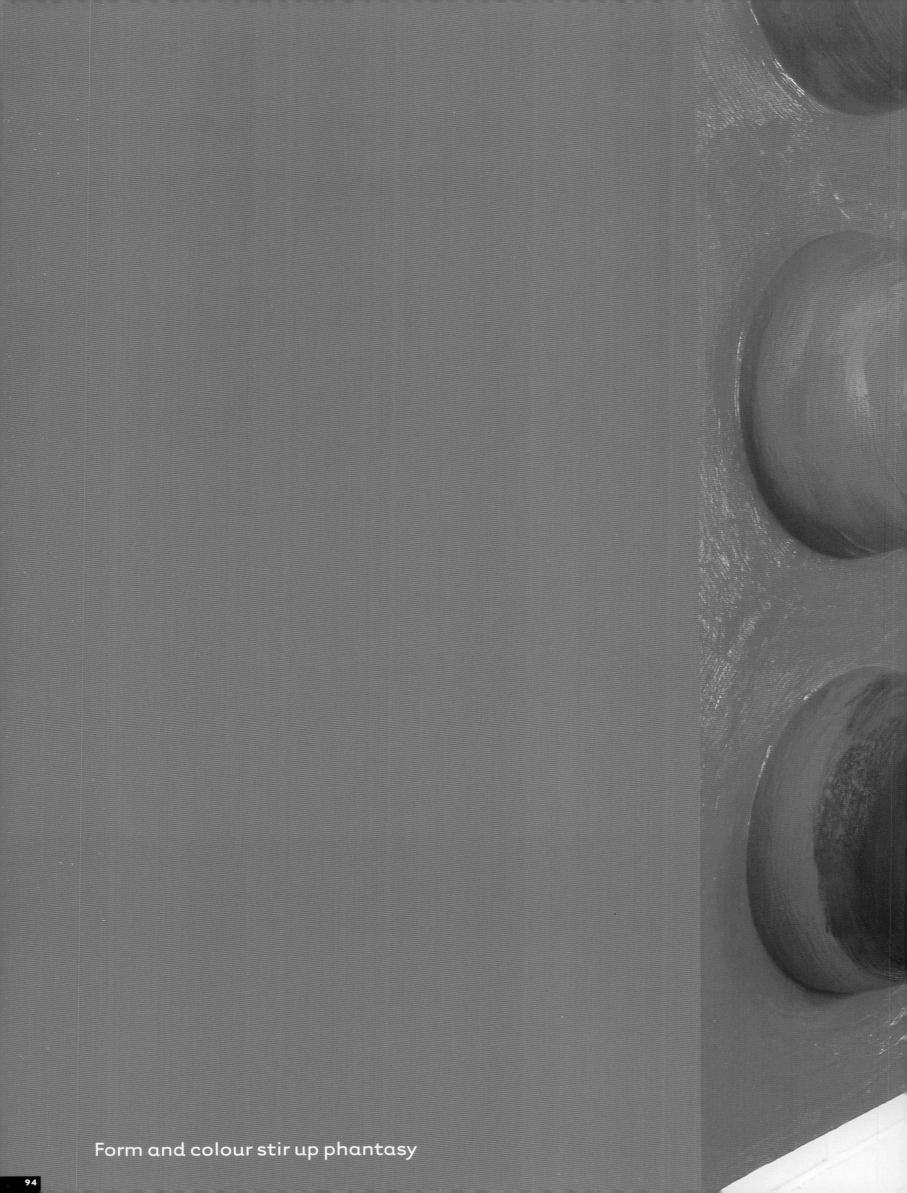

Form and colour stir up phantasy

Invisible stems?

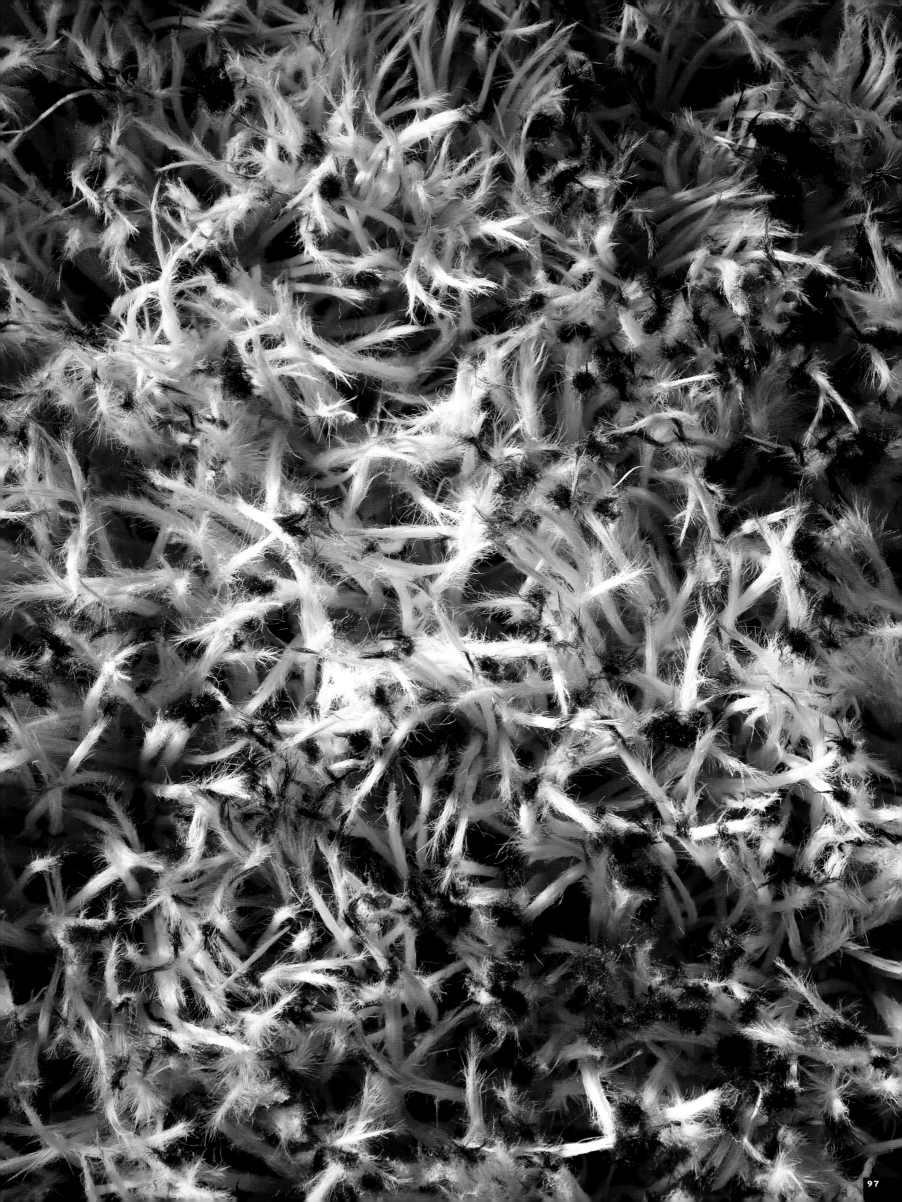

New roads...

To walk new roads, means to leave the treaded design paths.

The old-tested is important and has to be kept alive and passed on.

The new comes into existence during the constant search for new shapes

and from consciously looking at all things around us.

There exists an inner urge to experiment further,

to try out more extreme things.

In order to probably develop new, simple or remarkable ideas again.

Nieuwe wegen...

gaan, betekent de platgelopen vormgevende wegen verlaten.

Het vanouds beproefde is belangrijk en moet ook in ere gehouden

en doorgegeven worden.

Het nieuwe ontstaat tijdens de constante zoektocht naar

het vinden van vormen en uit het bewust bekijken

van alle dingen om ons heen.

Er ontstaat een innerlijke drang om verder te experimenteren,

extreme dingen uit te proberen.

Om dan waarschijnlijk weer nieuwe, eenvoudige of opmerkelijke

ideeën te ontwikkelen.

'Apple burger'

Circle formations

Blooming 'eggs sunny-side up'

Farewell autumn

Tree wardrobe

Natural signpost

Flowery couch

Mrs.Physalis

Blow up borders…

A florist's washing day

Simply a star

Heavenly bustle Advent

During many months my thoughts, feelings, ideas and creations
go out to one of my favourite themes: Advent.
A traditional feast has fixed values and traditions, but these
don't have to be based on an old-fashioned design.
They have a right to have a modern execution with new forms,
new materials, tuned colour combinations and a lot of feeling.
Here, my love for the tiny, the playful and the childish manifests itself.
Many of my ideas spring from this.

Een hemelse drukte Advent

Gedurende vele maanden gaan mijn gedachten, gevoelens, ideeën
en creaties naar één van mijn lievelingsthema's: de advent.
Een traditioneel feest heeft vaste waarden en tradities,
maar die hoeven niet te berusten in een ouderwetse vormgeving.
Ze hebben recht op een moderne uitvoering met nieuwe vormen,
nieuwe materialen, stemmingsvolle kleurencombinaties en veel gevoel.
Hier komt mijn liefde voor het onooglijke, het speelse, het kinderlijke
tot uiting. Een groot gedeelte van mijn ideeën komt hieruit voort.

Heavenly bustle — Advent

Lights — Branches — Memories of childhood —
Red — Scent — Golden — Berries — Pinecones — Time of feelings

Cone 'Pine-tree'

Grand moment

Red – Gold – Green

Christmas — Diesel — Trousers

Thunbergia alata

Anthurium andraeanum

Rosa

Gerbera jamesonii

Ceropegia sandersonii

Thymus
Sempervivum

Heuchera micrantha 'Amber Waves'

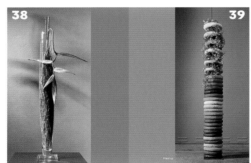

Parthenocissus
tricuspidata 'Veitchii'
Heliconia rostrata

Nemesia versicolor

Tulipa

Paeonia lactiflora

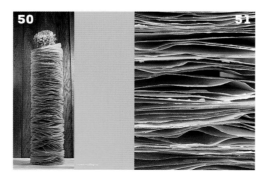

Chrysanthemum x grandiflorum

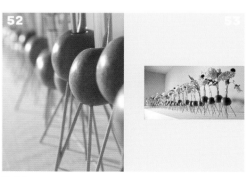

Dahlia
Hosta
Briza maxima
Antirrhinum majus
Cosmos bipinnatus
Rosa
Gerbera jamesonii

Dianthus barbatus
Celosia
Dicentra spectabilis
Paeonia lactiflora
Solenostemon scutellariaides
Cotinus coggygria
Hydrangea paniculata

Brassia verrucosa

Celosia argentea

Aquilegia

Sambucus nigra
Laburnum anagyroides

Sinapis arvensis

Chrysanthemum x grandiflorum

Gerbera jamesonii

Amaryllis cybister 'Rosario'

Heuchera micrantha
Dahlia
Cyclamen persicum
Sambucus nigra
Calocephalus brownii
Rubus idaeus

Alchemilla mollis   Nigella damascena
Hemerocallis   Fuchsia magellanica
Cosmos bipinnatus   Briza maxima
Calendula officinalis Calamintha nepeta

Viola wittrockia
Cyclamen persicum
Dahlia
Miscanthus floridulus
Rosa

Rosa

Cucurbita pepo
Amaranthus caudatus
Fuchsia magellanica
Sedum spectabile
Dahlia

Cucurbita pepo
Calluna vulgaris 'Carissa'
Limonium latifolium

Rosa Hybriden 'Grand Prix'

Gerbera jamesonii

Protea barbigera

Pinus nigra

Papaver rhoeas
Hydrangea macrophylla
Ipomoea 'Black Heart'
Sinningia speciosa

Malus
Rosa 'Grand Prix'
Picea abies
Physalis alkekengi
Chrysanthemum x grandiflorum

Dahlia
Calluna vulgaris
Malus 'Elstar'
Heuchera micrantha

Corylus avellana

66 67

Cornus alba 'Sibirica'

68 69

Bellis perennis
Viola wittrockia
Dicentra spectabilis

70 71

Salix fragilis   Usnea filipendula

78 79

Chrysanthemum x grandiflorum

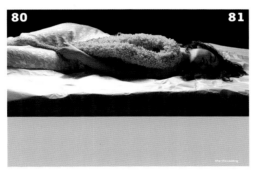

80 81

Acacia dealbata

84 85

Odontoglossum 'Ursula Isber'

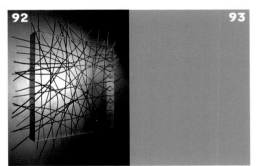

92 93

Salix myrsinifolia

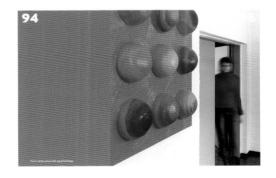

94 95

96 97

Protea barbigera

104 105

Chrysanthemum x grandiflorum

106 107

Amaranthus caudatus
Physalis alkekengi
Fagus sylvatica
Chrysanthemum x
grandiflorum

Parthenocissus
tricuspidata 'Veitchii'

108 109

Malus   Viola wittrockia
Chasmanthium latifolium

Antirrhinum majus
Centaurea montana
Coreopsis grandiflora
Tanacetum coccineum
Helianthus annuus

Physalis alkekengi

Quercus robur

Stachys byzantina
Delphinium
Rosa

Cotoneaster horizontalis

Pinus nigra

Picea abies

Picea abies

Pinus nigra

Abies nordmanniana

Euphorbia pulcherrima

Biography

Born on 28.07.1966

1984	Training as florist in Emsbüren/Kreis Emsland
1984-1989	Travels to and apprenticeships in different flower shops
1990	Master title
since 1994	Self-employed, organises various exhibitions, takes part in competitions and makes book contributions
1994	German Champion, winner of the 'Golden Rose'
1995	Vice-champion of Europe

Has been giving seminars and lectures since 1994 in Germany, Austria, Switzerland, France, Portugal, Spain, Taiwan, Hong Kong, Korea, Japan, Russia...

2001	Publication of the book 'Colours' (Stichting Kunstboek, Belgium) Opening of 'Blumenwerk' — International School for design and skilled handiwork in Herborn.

Biografie

Geboren op 28.07.1966

1984	Opleiding tot florist in Emsbüren/Kreis Emsland
1984-1989	Reis- en stageperiode in verschillende bloemenwinkels
1990	Meestertitel
sinds 1994	Zelfstandig, organiseert verschillende tentoonstellingen, neemt deel aan wedstrijden en maakt boekbijdragen
1994	Kampioen van Duitsland, winnaar van de "Gouden Roos"
1995	Vice-kampioen van Europa

Geeft sinds 1994 seminaries en spreekbeurten in Duitsland, Oostenrijk, Zwitserland, Frankrijk, Portugal, Spanië, Taiwan, Hong Kong, Korea, Japan, Rusland...

2001	Publicatie van het boek "Colours" (Stichting Kunstboek, België) Opening van "Blumenwerk" — Internationale School voor Handwerk en Vormgeving in Herborn

Annette Kamping wishes to thank her sponsors for flowers and material:

Annette Kamping dankt haar sponsors voor bloemen en materiaal:

Willi Scheuche GmbH
A house for floristic accessories /
Een huis voor florale accessoires
Am Mart 12
D-01561 Lampertswalde
Tel.: +49 (0)35248 83-20
Fax: +49 (0)35248 832-11
info@willi-scheuche.de
www.willi-scheuche.de

Ernst Strecker GmbH & Co KG
Fascination decoration flowering things /
Fascinatie decoratie bloeiende zaken
Brunnenfeldstraße 45
D-71272 Renningen
Postfach 1332
D-71266 Renningen
Tel.: +49 (0)7159 922-0
Fax: +49 (0)7159 922-992
contact@streckerhandelt.com
www.streckerhandelt.com

Heinz Hartmann GmbH
Professional business for floristry and decorative ideas /
Vakmarkt voor floristiek en decoratieve ideeën
Marienstraße 5-17
D-46284 Dorsten
Tel.: +49 (0)2362 6005-0
Fax: +49 (0)2362 6005-90
info@hartmann-dorsten.de
www.hartmann-dorsten.de

Krapp Floristik
A house full of trends for florists /
Een huis vol trends voor floristen
Ohmstraße 18
D-96175 Pettstadt
Tel.: +49 (0)9502 9229-0
info@krappfloristik.de
www.krappfloristik.de

Kwoka Floristik Handels GmbH
Meeting place for creative and professional florists /
Ontmoetingsplaats voor creatieve en professionele floristen
Opalstraße 40
D-84032 Altdorf Landshut
Tel.: +49 (0)871 93313-0
Fax: +49 (0)871 93313-11
floristik@kwoka.com
www.kwoka.com

Unternehmensgruppe Trautz
Florists' requirements / Benodigdheden voor floristen
Trautz Floristenbedarf
Lilienthalstraße 41-43
D-67435 Neustadt
Tel.: +49 (0)6327 97 77-0
Fax: +49 (0)6327 97 77-11
info@trautz.de
www.trautz.de

Thanks to

Bart van Leuven, whose 'camera' eyes don't miss a thing. His perfectionism, empathy and good sense of humour have made this book project possible. He possesses the gift to perfectly turn my ideas into photographs and to bring them in the perfect light. It was a beautiful and interesting cooperation.

My family: Ralf, Philip and Lieselotte for their support

Christin Mirsch, Daniela Ebner, Sabine Bucher, Petra Gilbreath and Nobuhiro Yamasaki for their floristic support and execution.

Stefan Seißler, Julia Schwehn, Dany Cannings, Walter Georg, Ellen and Gina Garotti, Isabel Persyn, Kim Manhaeve, Oleg Vyshnirskyy, Iris Göbel and Dr. Michael Gorr for their help.

Firma Blumen Minicuci

Behind the scenes...

... there are many committed and motivated helping hands. They're the ones who have made it possible to realize this book. A head filled with ideas and a drive for action are not always enough to make the impossible possible.
On the photographs you don't notice the many hours of preparation, waiting for the weather to improve, unexpected changes, perfectionism down to the smallest detail, excitement and exertion from my part...
Thanks to all those who have managed to motivate and support me over and over again or who have often helped to put things back into perspective.
Now you can take a look behind the scenes...

Dankjewel...

Bart Van Leuven: aan zijn 'camera'-ogen ontsnapt niks. Zijn perfectionisme, inlevingsvermogen en humor hebben dit boekproject mogelijk gemaakt. Hij bezit de gave mijn ideeën perfect in beeld om te zetten en ze in het juiste licht te brengen. Het werd een mooie en interessante samenwerking.

Mijn familie: Ralf, Philip en Lieselotte voor de steun

Christine Mirsch, Daniela Ebner, Sabine Bucher, Petra Gilbreath en Nobuhiro Yamasaki voor de florale steun en de uitvoering.

Stefan Seißler, Julia Schwehn, Dany Cannings, Walter Georg, Ellen en Gina Garotti, Isabelle Persyn, Kim Manhaeve, Oleg Vyshnirskyy, Iris Göbel en Dr. Michael Gorr voor hun hulp.

Firma Blumen Minicuci

Achter de schermen...

helpen veel geëngageerde en gemotiveerde handen. De realisatie van dit boek heb ik te danken aan mijn helpers. Een hoofd vol ideeën en creatiedrang zijn niet voldoende om vaak onmogelijke dingen mogelijk te maken.
Van de vele uren werk, het wachten op beter weer, onvoorziene omstandigheden, perfectionisme tot in het detail, emoties en spanning van mijn kant is op de foto's niets te zien.
Ik wil allen, die mij steeds weer gemotiveerd en ondersteund hebben of me af en toe weer met de voeten op de grond gebracht hebben, bedanken.
Hier een kleine blik achter de schermen...

Creations / *Creaties*
Annette Kamping
Blumenwerk – Internationale Schule
für Handwerk und Gestaltung
Hohe Str. 700 Gebäude 10
D-35745 Herborn
Tel.: +49 2772/921051
Fax.: +49 2772/921052
E-mail: annette.kamping@t-online.de
Internet: www. blumenwerk-kamping.de

Photography / *Fotografie*
Bart van Leuven, Gent (B)
Assistance / *Assistentie*: Isabelle Persyn (B), Kim Manhaeve (B)

Text / *Tekst*
Annette Kamping

Coordination / *Coördinatie*
An Theunynck

Final editing / *Eindredactie*
Femke De Lameillieure

Translation / *Vertaling*
An Theunynck
Femke De Lameillieure

Layout & Photogravure / *Vormgeving & fotogravure*
Graphic Group Van Damme bvba, Oostkamp (B)

Printed by / *Druk*
Graphic Group Van Damme bvba, Oostkamp (B)

Binding / *Bindwerk*
Scheerders-Van Kerchove, Sint-Niklaas (B)

Published by / *Een uitgave van*
Stichting Kunstboek bvba
Legeweg 165
B-8020 Oostkamp
Tel.: +32 50 46 19 10
Fax: +32 50 46 19 18
E-mail: info@stichtingkunstboek.com
Internet: www.stichtingkunstboek.com

ISBN: 90-5856-165-8
D/2005/6407/04
NUR: 421